Para realizar pedidos de este libro, contacte con:
Palibrio
1663 Liberty Drive
Suite 200
Bloomington, IN 47403
Gratis desde EE. UU. al 877.407.5847
Gratis desde México al 01.800.288.2243
Gratis desde España al 900.866.949
Desde otro país al +1.812.671.9757
Fax: 01.812.355.1576
ventas@palibrio.com
707046

Índice

Introducción

* Viene de Gnat: Mosquito, se pronuncia Naty o Ñaty

Capítulo 1
Como empezó todo

Hace mucho, mucho tiempo en algún lugar de la tierra, el hombre buscaba facilitarse la vida y descubrió entre otras cosas, la rueda. (aunque al principio se veía un poco rara, era una rueda)

Cientos de años después experimentó algunos controles... no muy sofisticados pero al menos los frenos te daban tiempo para gritar ¡**Mamaaaaaaaaá!** ¡y un caballo de fuerza!

La velocidad gustó tanto a nuestros tata, tata, tata, tatarabuelos, que desde entonces buscaban la manera de competir para encontrar quien podía ir mas rápido y así nacieron las carreras con la tecnología disponible antes de Cristo, primero utilizaban un caballo como motor y poco a poco fueron usando mas y mas para lograr potencia y velocidad.

Se dice que de ahí viene el término "caballo de fuerza"

Corrían los años y la Tecnología le quitó el trabajo a los caballos y se lo pasaron a los motores, pero no había carros para carreras ya que corrían a la increíble velocidad de 10 kilómetros en una hora.

*Volante: También conocido como dirección y es usado para virar las ruedas delanteras.

La combinación de ruedas, control, potencia y el gusto por la velocidad dió pié a los primeros autos de carrera, que eran simplemente los carros familiares a los que retiraban los pesados adornos y algunas modificaciones hechas por el conductor y sus amigos en casa.

Los primeros autos de carrera eran manejados por el piloto y su copiloto, quien ayudaba como mecánico y como espejo retrovisor. Corrían en caminos de tierra, así que era indispensable usar lentes de protección para el polvo, el aire y los insectos. Estos corredores aventureros usaban la misma ropa que los pilotos de avión.

Capítulo 2
La Evolución

Cada año, los ingenieros, diseñadores y corredores buscaban mejorar los carros de manera que evolucionaron a través del tiempo, como podrás ver en estas dos figuras.

¡De seguro notas la diferencia!!!
(ver las páginas 46-48)

Capítulo 3
Los Autos

Vamos a ver como cambian los carros y los pilotos en cada década, empezando por principios del siglo pasado.

Del año 1910 al 1920

No existía equipo de seguridad, cinturones ni cascos, simplemente se "trepaban" al auto y lo corrían lo mas rápido posible.

De 1920 a 1930

Los principales cambios eran para quitarle peso a sus máquinas retirando guardapolvos, faros y reduciendo al mínimo los cristales para desviar insectos sin mayor equipo de seguridad.

De aquí en adelante se eliminaron los copilotos y los autos se hicieron para una persona, así que los llamaron "monoplaza*"

Altura de la rueda

¿Qué pasó? Yo volaba directo a los ojos...

Palabra compuesta por Mono (uno) y Plaza (lugar)

Altura de la rueda

En la *década de 1930 a 1940*

En estos años vemos como los autos de carrera se hicieron mas bajos y anchos que un carro familiar mas ligero con el fin de tomar las curvas a mayor velocidad. Se implementó algo de seguridad.

En los años cuarenta, La velocidad ya era de 183.8 kilometros por hora en promedio en 1940, de manera que se vió la necesidad de usar cascos dando inicio a la era de la seguridad, los coches eran mas "chaparros" y las ruedas altas y delgadas...

Altura de la rueda

¿No debería ir mas arriba?

Los Ingenieros usaron su talento y creatividad buscando agarre de las llantas y crearon un auto de 6 ruedas que corrió en 1948.

Marcas de todo el mundo lucharon por los primeros lugares.

En los fabulosos cincuentas...

Cada vez mas bajos para mejorar
la estabilidad* y con los motores al frente.

Estabilidad: Capacidad de un objeto para mantenerse en equilibrio.

En esta década se corrieron algunos carros experimentales impulsados por una turbina*.

Altura de la rueda

Fué durante los sesentas

cuando los ingenieros tuvieron ideas agresivas para mejorar el control y la velocidad. Aparecen entonces los modelos con el motor en la parte trasera, las curvas "peraltadas" y algunos trucos de la física como en el dibujo de la izquierda.

Diferente distancia

Peralte

9°

*Turbina: Motor usado comunmente en los aviones. Impulsa un objeto por medio de propulsión de aire.

Los ingeniosos siguen en busca de agarre y diseñaron otro auto con seis ruedas que corrió durante los setentas

¿Es un avión?

Los Setentas: Serán recordados por sus autos tipo "alas" con diseños basados en líneas rectas. Los motores turbocargados dominaron los primeros lugares y los alerones iniciaron una nueva era para la aerodinámica*.

Altura de la rueda

* Aerodinámica: Ciencia que estudia la fuerza del aire sobre un objeto en movimiento

Los autos fórmula de los **Ochentas** tenían la apariencia de haber sido formados por el aire... superaban con facilidad los 300 km/h y la seguridad de los pilotos y aficionados era una prioridad.

Altura de la rueda

La aerodinámica jugó un papel muy importante en los **Noventas,** y los autos mas bien parecían aeroplanos... o digamos "tierra-planos"

Toda la experiencia ganada en el pasado se aplica a los **bólidos** de hoy, las cámaras a bordo nos muestran emocionantes vistas desde el asiento del piloto. Las ideas que salieron de los equipos de carreras se han aplicado en gran cantidad de mejoras a los coches familiares haciéndolos muy eficientes, seguros y amigables con el medio ambiente.

Capítulo 4
No por tener las llantas expuestas los hace "fórmula"

Aúnque sean muy veloces...

1/4 de milla

con energía solar

Todo terreno

...aquí hay unos ejemplos de carros con las llantas a la vista y no cumplen como tipo fórmula.

Pista de tierra

Capítulo 5

Partes de un coche Fórmula

- Ruedas a la vista • Un solo asiento • Piloto visible
- Muy chaparros • Grandes entradas de aire
- Para pistas de asfalto* • Parecen insectos

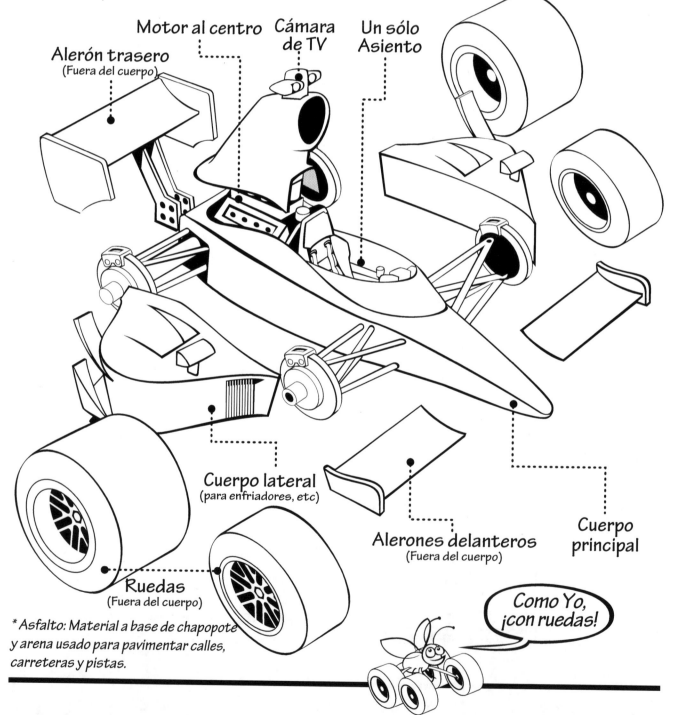

Alerón trasero
(Fuera del cuerpo)

Motor al centro

Cámara de TV

Un sólo Asiento

Cuerpo lateral
(para enfriadores, etc)

Alerones delanteros
(Fuera del cuerpo)

Cuerpo principal

Ruedas
(Fuera del cuerpo)

Como Yo, ¡con ruedas!

* Asfalto: Material a base de chapopote y arena usado para pavimentar calles, carreteras y pistas.

① **Favor de no TOCAR** ⚠

②

③

④

⑤

⑥

Es por esto que dicen:
"Damas y Caballeros"
no toquen sus máquinas

¡Son Intocables!

A diferencia de un carro familiar, los autos fórmula tienen muchas partes a la vista que son muy fáciles de dañar, de manera que si quieres terminar la carrera, no debes de tocar nada ni a nadie.

Aquí hay unos ejemplos:

Un pequeño roce causa mucho daño.

Un leve contacto rueda con rueda puede enviar a uno de los coches a un vuelo inesperado.

Un ligero alcance puede forzar la parada en Pits

Capítulo 6
¿Cuál es la prisa?

El espíritu de competencia del hombre se presenta en todos los deportes, así las carreras son en pocas palabras: Completar las vueltas a una pista antes que todos.

Veamos lo que se necesita para lograrlo en el siguiente Capítulo...

Capítulo 7
"*Un equipo de carreras*"

*¿...quién construye este
tipo de autos?
Vé a la siguiente página.*

En las siguientes páginas daremos un vistazo a la
gran cantidad de cosas que deben dominarse en un
equipo de carreras para ser capaces de ganar
trofeos. Empezando por un carro de **alta tecnología**.

Como no existen distribuidores o tiendas de autos fórmula deberá de contratarse a un grupo de los mejores ingenieros que diseñen y construyan el bólido considerando hasta el último detalle para poder ser competitivos y ganar campeonatos.

¡Sí, a los que les gusta poner atención en clase!

INGENIERO DE DISEÑO
La Universidad Tecnológica otorga el presente título a:
David Medidas
Por su esfuerzo y dedicación

Un inteligente y muy aventado piloto debe de alimentarse bien y estar en muy buena condición física para estar en calma en caso de imprevistos.

(Preferimos a los que tienen muy buenas calificaciones ya que es muy importante entender y comunicar a los ingenieros el comportamiento del bólido.)

Usa tu imaginación y habilidad para diseñar el traje del piloto.

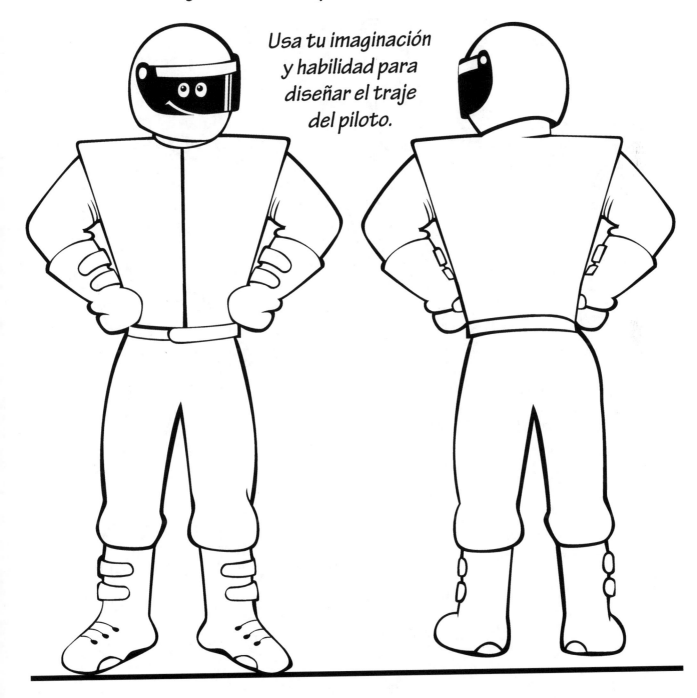

Un equipo de mecánicos perfectamente organizados.
(Jóvenes apasionados y listos para trabajar muy duro)

Nosotros somos ocho
y tenemos menos de
5 segundos para
cambiar las cuatro ruedas.

Yo debo de ser muy rápido y
preciso para llenar el tanque de
combustible ¡sin tirar una gota!

Con tus lápices de colores diseña
el uniforme del equipo.

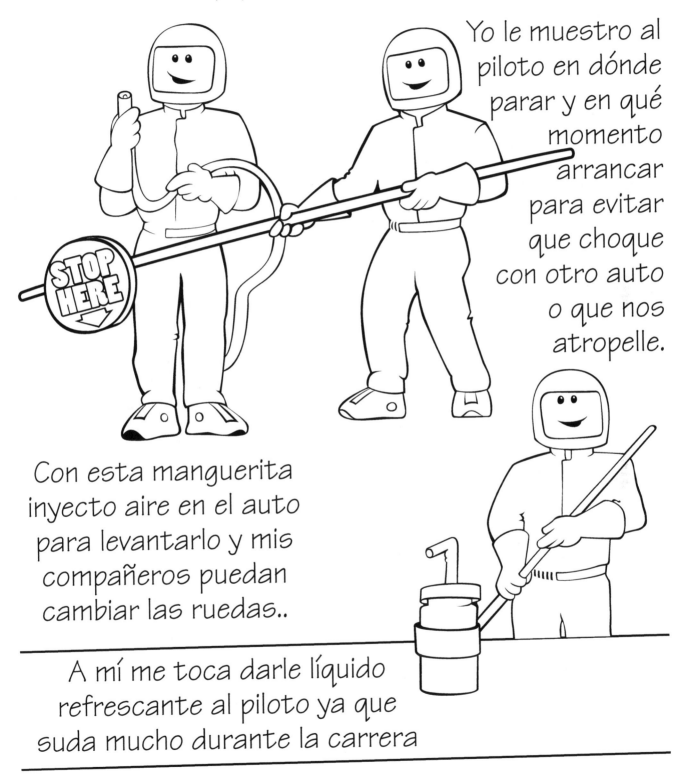

Yo le muestro al
piloto en dónde
parar y en qué
momento
arrancar
para evitar
que choque
con otro auto
o que nos
atropelle.

Con esta manguerita
inyecto aire en el auto
para levantarlo y mis
compañeros puedan
cambiar las ruedas..

A mí me toca darle líquido
refrescante al piloto ya que
suda mucho durante la carrera

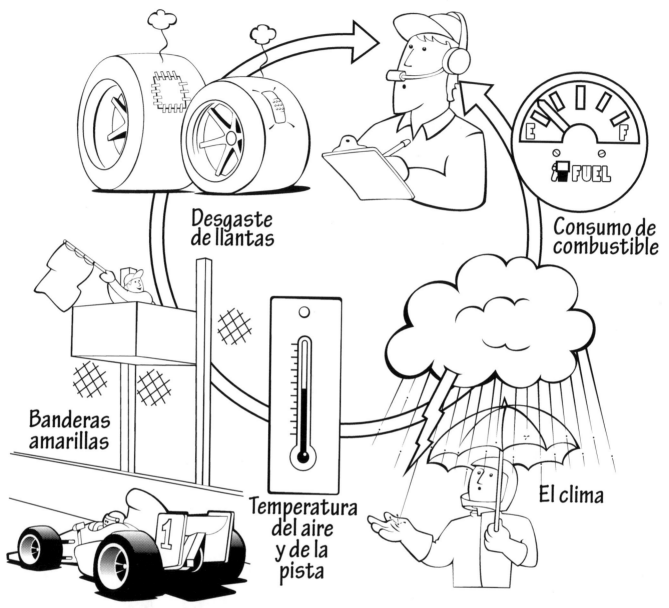

Desgaste
de llantas

Consumo de
combustible

Banderas
amarillas

Temperatura
del aire
y de la
pista

El clima

...una estrategia

El director de equipo debe de cuidar el desgaste de las llantas, el consumo de gasolina, las banderas amarillas (ve la pág 36), el clima, etc.

*(La mejor estartegia para una carrera,
puede ser la peor para la siguiente.)*

No meterse en *problemas!*

Se necesita mucha habilidad y experiencia para evitar chocar con un competidor fuera de control, porque a 300 km/h tienes menos de medio segundo para reaccionar con suavidad ya que equivale a recorrer 83.3 metros en un segundo.

Se necesita todo el equipo de transporte para ir de una carrera a la siguiente o moverse dentro de las pistas; se incluyen desde grandes tractocamiones para mover los autos y todo el equipo hasta pequeñas motos para trasladarse dentro de las extensas instalaciones de los autódromos incluyendo una casa móvil.

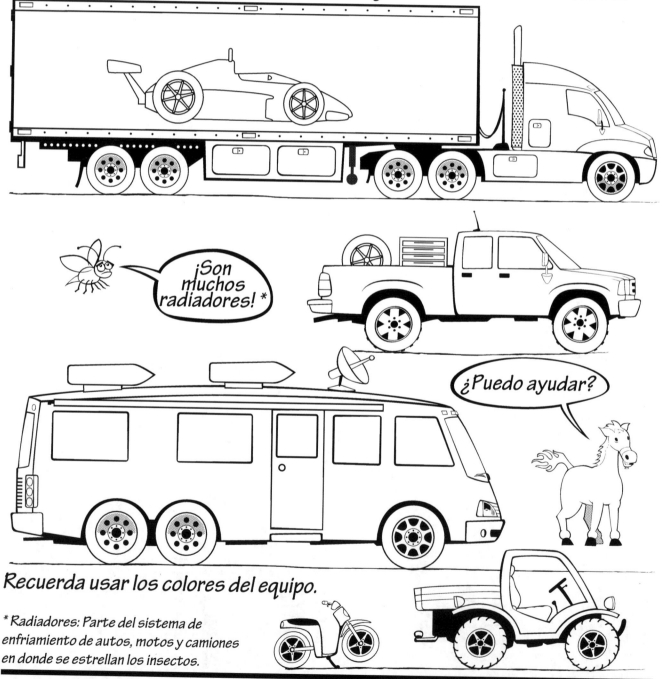

¡Son muchos radiadores! *

¿Puedo ayudar?

Recuerda usar los colores del equipo.

Radiadores: Parte del sistema de enfriamiento de autos, motos y camiones en donde se estrellan los insectos.

...y un **Patrocinador**, la principal fuente de dinero para el equipo, son compañías grandes que ponen sus colores y logotipos* en todo el equipo como parte de su publicidad** a cambio de buenos lugares para salir en T.V. y demás medios masivos***. También se obtiene dinero de los puntos que se obtienen por llegar en los primeros lugares; ésto varía según la categoría.

*Logotipo: Emblema formado por figuras y letras que identifican a una empresa.
**Publicidad: Esfuerzo de una compañía por dar a conocer sus productos.
***Medios masivos: toda forma de comunicación en grande ya sea la televisión, periódicos, radio, internet, etc...

¡Trabajo en equipo!

Cada miembro del equipo tiene una tarea en las detenciones en los fosos o "pits" para rellenar el tanque de gasolina, cambiar las 4 llantas, hacer ajustes mínimos en los alerones, limpiar los radiadores y la visera del casco del piloto y por si fuera poco hay que darle líquido refrescante . Todo esto en menos de 5 segundos para hacerlo a la perfección*

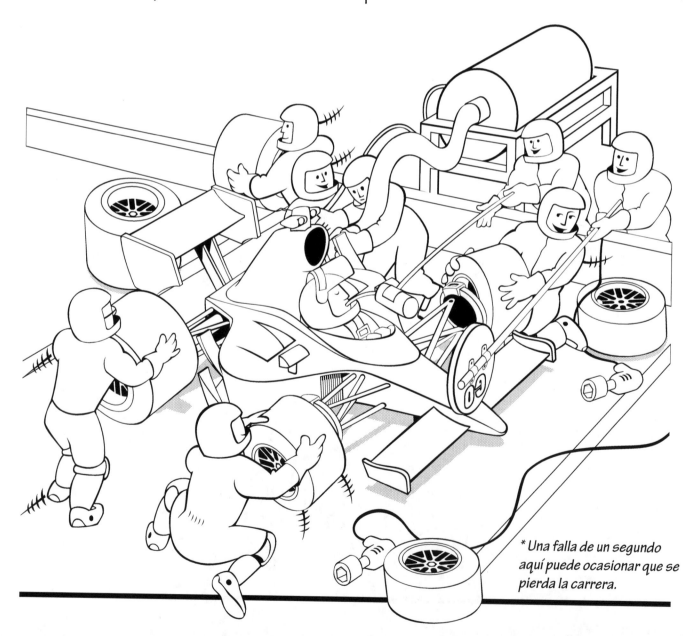

* Una falla de un segundo aquí puede ocasionar que se pierda la carrera.

Las Pistas

A diferencia de otros deportes, el "campo" cambia en cada carrera, de manera que a lo largo del campeonato* no hay una carrera igual a otra. *Aquí vemos unos ejemplos.*

Las pistas en forma de óvalo:

Correr en óvalos significa ir a alta velocidad la mayor parte del tiempo. La aerodinámica y los rebases a toda marcha son clave para el éxito.

Todas las pistas se diseñan para alta velocidad

*Campeonato: Ver página 38.

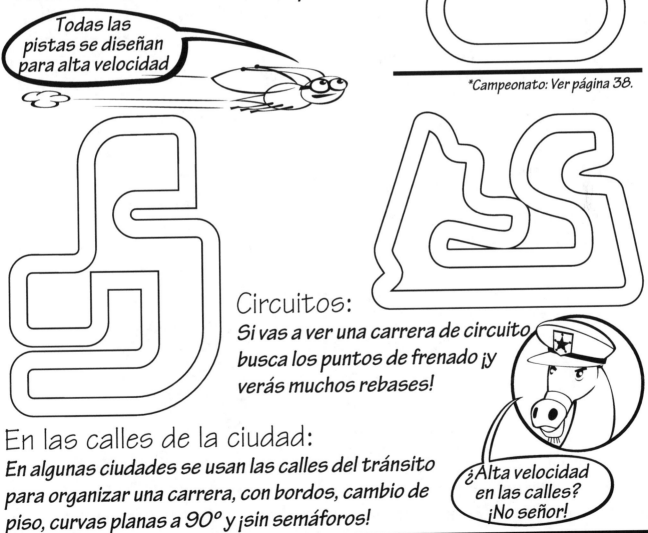

Circuitos:

Si vas a ver una carrera de circuito busca los puntos de frenado ¡y verás muchos rebases!

En las calles de la ciudad:

En algunas ciudades se usan las calles del tránsito para organizar una carrera, con bordos, cambio de piso, curvas planas a 90º y ¡sin semáforos!

¿Alta velocidad en las calles? ¡No señor!

Banderas: Es la forma en que los oficiales de pista se comunican con el piloto. *Usa el color adecuado para cada una.*

Verde: Marca el inicio de la carrera y se presenta cuando todo está en orden.

Amarilla:

¡Peligro!
Es utilizada para advertir al piloto de cualquier situación peligrosa en la pista, como accidentes, aceite derramado en la pista, partes de otros autos o hasta la lluvia ligera es señalada así, mientras cambian a llantas para piso mojado. Bajo esta bandera se pierden las ventajas, pero no se puede rebasar.

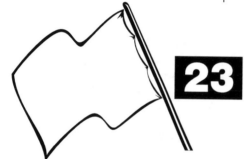

23

Negra: A nadie le gusta ésta. Se usa para detener y cancelar la carrera, o bien para descalificar a un corredor si se presenta junto a su número.

Roja: Detiene la carrera temporalmente si hay alguna situación de riesgo para pilotos y oficiales, como ejemplo: una tormenta o un auto parado en posición peligrosa.

Blanca:
Indica que es la última vuelta

Azul:

Se le presenta a un auto que va más lento que los demás y no debe de obstuírlos para ser rebasado.

Bandera a Cuadros: Es la más famosa, marca el final de la carrera y el primero que la ve es el ganador.

Capítulo 8

Es muy importante seguir las reglas...

Por ejemplo, la longitud, altura, ancho, alto, etc.
Cada categoría tiene sus especificaciones que deben
de ser respetadas al milímetro.

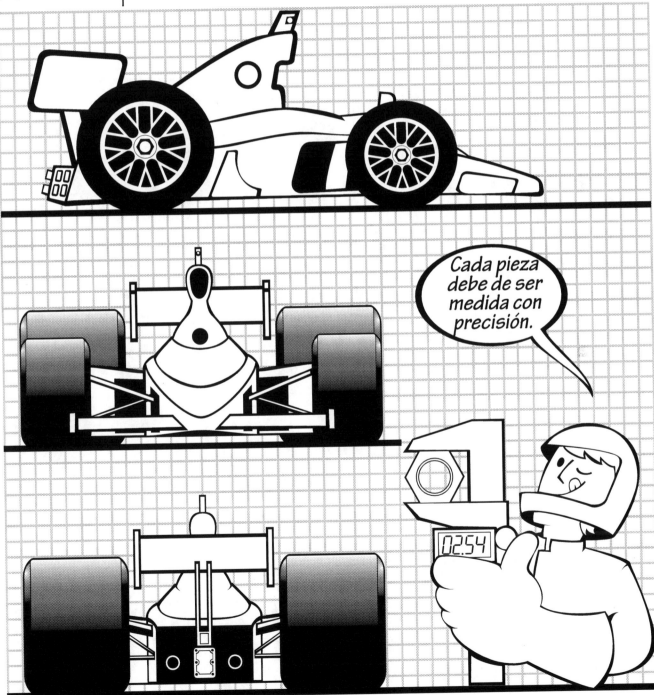

Capítulo 9 *El Campeonato*

Hay muchas categorías de autos tipo fórmula, desde los Fórmula Vee hasta los Fórmula 1, cada una tiene sus reglas y los primeros lugares ganan puntos según el lugar en que terminan la carrera.

Sigue una categoría a lo largo de la temporada y verás la lucha por los puntos desde el principio al final del campeonato.

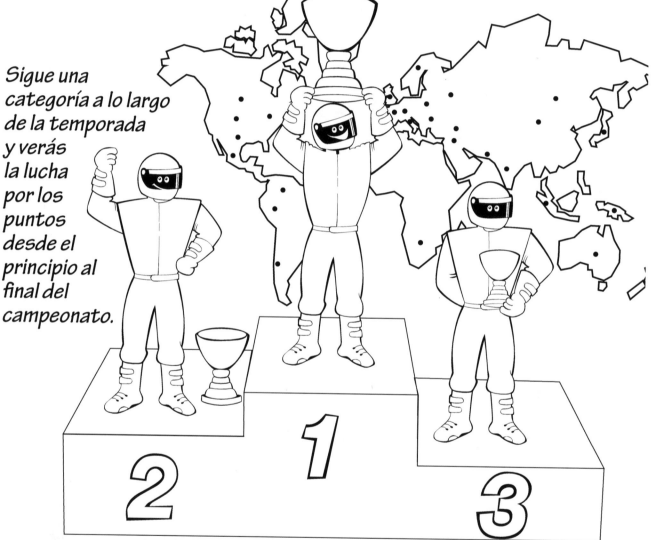

Temporada

Cada año hay muchas carreras en diferentes pistas y ciudades así que el piloto que obtenga la mayor cantidad de puntos será el campeón de la temporada.

Capítulo 10 *¡A correr!* *(Actividades)*

Hay muchos cambios de posiciones durante una carrera. Aquí vamos a hacer un ejercicio para encontrar cual de estos autos ganó la carrera. Usa un color diferente para seguir a cada uno y apunta el número que corresponde en la columna de la derecha para ver el resultado (observa el ejemplo del auto #2)

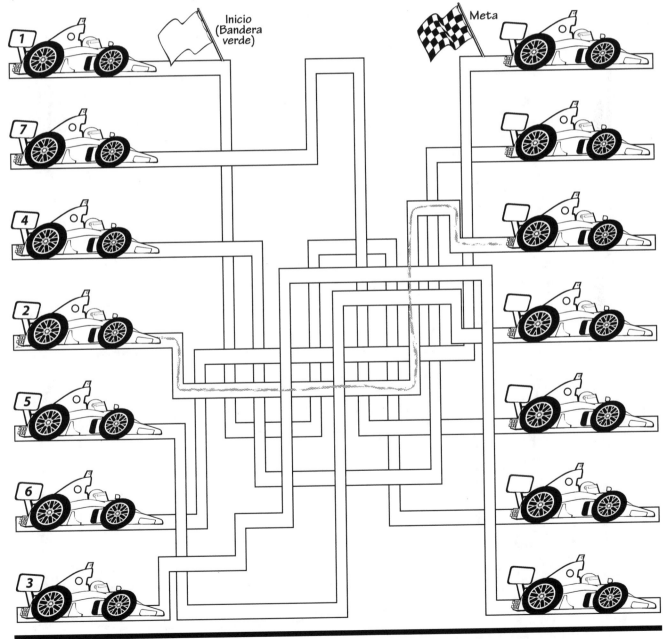

¿Quieres dar unas vueltas?

Un lápiz de color será tu auto, pónlo en la linea de "Salida/Meta" y pide a un amigo, que tome el tiempo que tardas en recorrer una vuelta SIN tocar las orillas. Lo puedes hacer muchas veces y cambiar de color para ver como con la práctica vas mejorando los tiempos.

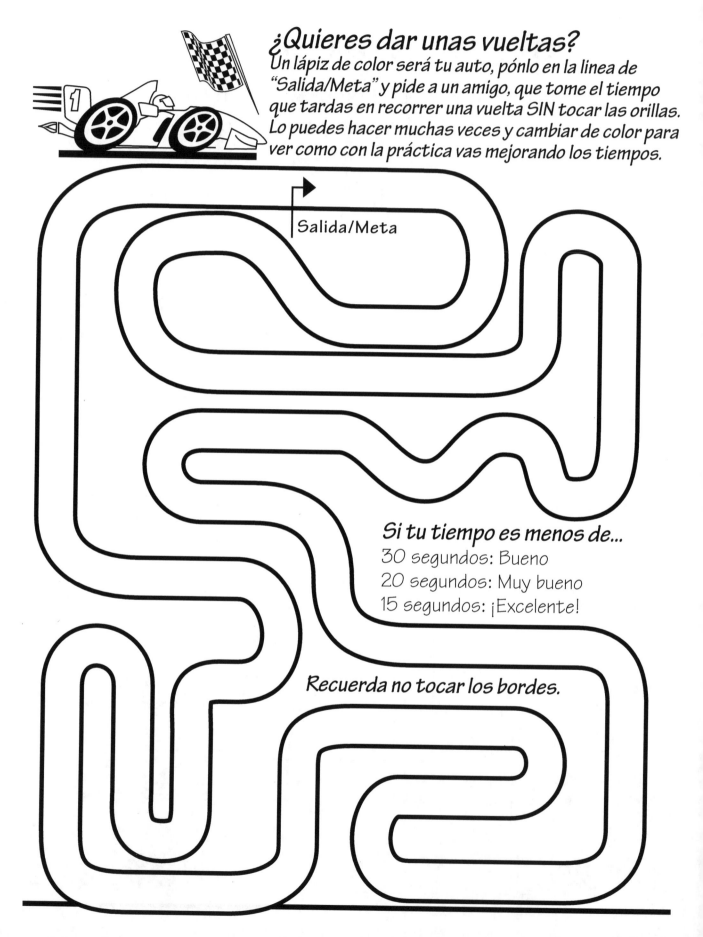

Salida/Meta

Si tu tiempo es menos de...
30 segundos: Bueno
20 segundos: Muy bueno
15 segundos: ¡Excelente!

Recuerda no tocar los bordes.

Capítulo 11

Trivia

Estamos en situación de precaución:

Si tu eres el piloto del bólido de abajo contesta lo siguiente:

1- ¿De qué color es la bandera del oficial?

_____

2.- ¿En qué lugar vas en la carrera?

_____

3.- ¿Qué número es el carro que va en segundo lugar?

_____

4.- ¿A qué velocidad puedes ir en este momento?

_____

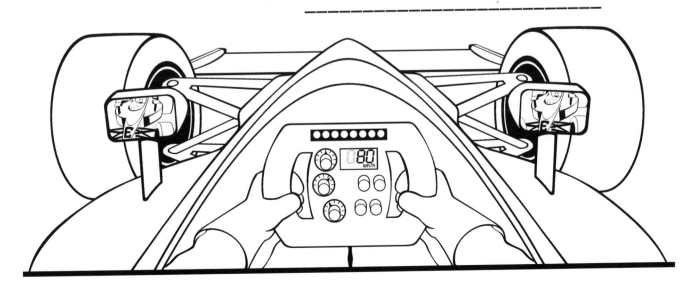

Cuando ves una carrera ¿Te has dado cuenta que al arrancar de una parada en pits*, uno o dos miembros del equipo empujan el coche?

¿En que piensan estos hombres cuando empujan un auto tan potente?

¡Ya sé! ¡Está tratando de hacer mi viejo trabajo!!! (Ver pág. 5)

A __ Se creen muy importantes

B __ Piensan que corren mas que la máquina

C __ Quieren salir en la tele...

D __ En realidad ayudan al carro al arrancar

...y proteger algunas partes mecánicas del coche cuando arranca desde cero con llantas de super agarre.

Pits: Área destinada a la atención y servicio de los autos participantes.

Capítulo 12
Aire y Alas...

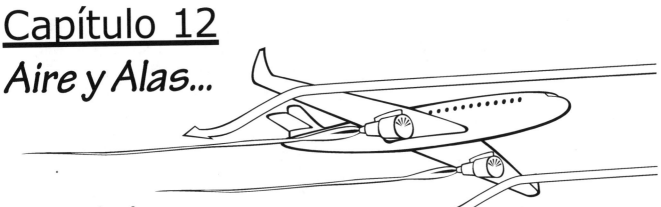

Un carro con alas...?

El mismo principio que hace volar a un avión, se usa al revés para evitar que el veloz automóvil se despegue del suelo.

Whoooaaaaaa a....!

Alguna vez te haz preguntado ¿cómo se acomoda el piloto? ya que nosotros solo vemos el casco ¿en dónde queda el cuerpo? Señala la opción que consideras la correcta.

Hay unas pistas en la Página 35.

A)___ El cuerpo hacia atráz.

D)__El piloto es un extraterrestre!

B)___ El cuerpo "hecho bolita"

C)___ El cuerpo "hacia adelante

¿Quieres hacer un experimento?

Paso 1

Cuando vayas en un auto a velocidad constante...

(No necesita ser rápido y despacio es más seguro)

Paso 2 Con permiso del conductor, abre la ventana junto a tí y saca tu brazo extendiendo la mano en forma de ala. *(Cuida de no traer puesta una gorra, lentes o cualquier cosa que pueda volar con la velocidad del aire.)*

Paso 3
Levanta tu mano...

...y puedes sentir como la fuerza del aire levanta tu brazo, esto funciona para los aviones.

Paso 4
Ahora baja tu mano...

...y es así como funciona el aire para mantener al bólido en el suelo.
A esto le llamamos **"Carga Aerodinámica"**

La idea es muy simple, El avión que vuele y el carro que no vuele...

Así como el aire le ayuda al coche...

...el coche ayuda al aire

Los técnicos del equipo investigan y desarrollan combustibles amigables al medio ambiente para después usar estos productos en los autos de la ciudad para que al contaminar menos o nada para que nos beneficiemos todos.

Capítulo 13 *"Cosas Curiosas"*

El los últimos 100 años las competencias de autos
han logrado algunos cambios, aquí vemos unos
cuantos que son muy curiosos:

Las ruedas eran altas y delgadas
y ahora ¡son anchas y bajitas!...

...mientras que los pilotos eran
como fueran, ahora son atléticos
y muy ligeros

Los autos correlones dejaron de ser altos y delgados para convertirse en chaparros y anchos.

Al principio los motores se colocaban al frente, y hoy en día las plantas de poder empujan desde atrás.

Inicialmente los cascos se utilizaban para mantener el cabello en su lugar y unos lentes especiales para cuidar los ojos de la velocidad del aire y los insectos. Últimamente en los cascos llevan el radio de comunicación y alimentación de oxígeno al piloto, se personaliza con algo de publicidad, ah... y a propósito: ¡Protege la cabeza y el cuello del conductor!

¡...esos cristales!

Los grandes y sencillos volantes se convirtieron en pequeños y complicados.

290 km/h

Llegamos a la meta...

Esperamos que la próxima vez que veas unas carreras las disfrutes al máximo.

Capítulo 14

Cuando vayas a las carreras fíjate en esto:

1) *Que tipo de pista es* (pág 35)

2) *Las clasificaciones:* Un día antes de la carrera se define el orden de la arrancada. y podrás darte cuenta de los cambios de posición cuando pasen frente a tí.

3) *Escoge tu lugar según lo que quieres ver:*

   -*Rebases:* Busca un lugar al final de las rectas y verás los mejores, algunas estrategias y errores.

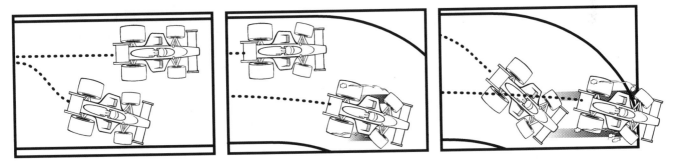

   - *Máxima veloidad:* Sitúate a media recta y tendrás algunos casos de rebufo frente a tí.

   -*Arranque, actividad en los Pits y meta:* Al inicio de la recta principal

   - *Si te gustan la curvas....:* Revisa un plano de la pista para lograr un lugar donde puedas ver un tramo muy largo de la pista.

4) *Revisa el pronóstico del tiempo:* y lleva lo necesario.

5) Lo más cómodo es una mochila tipo "Back Pack" para llevar tus cosas.

(recuerda que las pistas son grandes y por lo general hay que caminar mucho)

6) Si no vas a tribunas, llevar una silla, ¡no cae mal!

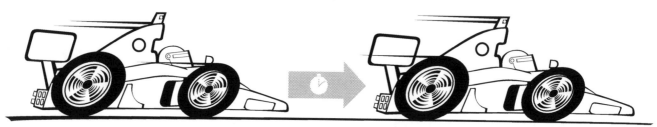

7) Un cronómetro te ayudará a apreciar algunos aspectos de la carrera, como por ejemplo si mides el tiempo entre un piloto y otro, vuelta tras vuelta, sabrás si se están acercando o alejando.

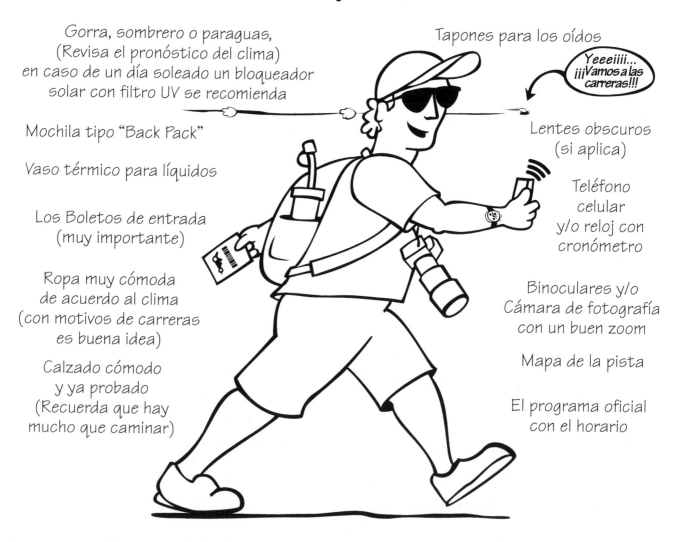

Gorra, sombrero o paraguas,
(Revisa el pronóstico del clima)
en caso de un día soleado un bloqueador
solar con filtro UV se recomienda

Mochila tipo "Back Pack"

Vaso térmico para líquidos

Los Boletos de entrada
(muy importante)

Ropa muy cómoda
de acuerdo al clima
(con motivos de carreras
es buena idea)

Calzado cómodo
y ya probado
(Recuerda que hay
mucho que caminar)

Tapones para los oídos

Yeeeiiii...
¡¡¡Vamos a las
carreras!!!

Lentes obscuros
(si aplica)

Teléfono
celular
y/o reloj con
cronómetro

Binoculares y/o
Cámara de fotografía
con un buen zoom

Mapa de la pista

El programa oficial
con el horario